La maison de George Sand à Nohant

textes de Corinne Albaut

illustrations de Fabienne Burckel

Directrice des éditions et de la diffusion
Dominique Seridji

Responsable des éditions
Denis Picard

Responsable adjointe des éditions
Karin Franques

Directrice de la collection,
auteur des textes documentaires
Nathalie Muratet-Daviez

Révision
Élisabeth Launay

Conception et réalisation
Carine Merse

Photogravure
Asto, Paris

Impression
Néo-Typo, Besançon

Dépôt légal : juin 2004
Imprimé en France

Remerciements à
Georges Buisson, administrateur de la maison de George Sand
à Nohant
Micheline et Michel Delaume, Viviane Lenoble et Caroline Boutrelle

ISBN 2-85822-792-6
ISSN 1763-1726

Sommaire

George Sand, une femme d'exception

Pourquoi diable a-t-elle choisi
ce drôle de prénom ?
Pourquoi diantre fumait-elle
et portait-elle des pantalons ?
En ce temps-là, pardi !
il n'était pas de bon ton
pour les dames et demoiselles
de lever le front.
Broder, faire de la dentelle
et de la tapisserie :
oui, oui, oui.
Écrire romans et nouvelles,
vivre avec passion :
non, non, non !

La maison

Face à la sobre église
du paisible village,
s'ouvre le jardin pensif
d'une belle demeure.
Solide et bien assise,
comme une maison sage,
à l'ombre d'un grand if
sur un parterre de fleurs.
À gauche, la remise
et ses calèches d'autrefois.
À droite, l'atelier de Delacroix,
où vinrent s'installer
des peintres de passage
séduits par la nature et la vie sauvage.

Maurice et Solange

Avec son mari Casimir Dudevant,
la belle Aurore eut deux enfants :
Maurice, son fils bien-aimé,
en qui elle se reconnaissait,
et Solange, l'étrangère,
avec qui elle vivait en guerre.
Difficile d'avoir pour mère
un écrivain renommé,
une femme courtisée,
une séductrice à la vie mouvementée !

Les trésors de la cuisine

Sous la fenêtre, un « potager »,
l'ancêtre du barbecue.
Sur les murs, accrochées,
des casseroles bien astiquées.
Un impressionnant fourneau noir
avec ses fontaines cuivrées
et son conduit à fumée
qui sortait par-dessous.
Une chocolatière, une bassinoire
et, au-dessus de la porte d'entrée,
des clochettes alignées :
elles étaient reliées
aux chambres des invités ;
ainsi, ils pouvaient appeler
quand ils le voulaient.

La table de la cuisine

Cette longue table en connaît
des histoires et des secrets
gravés dans son bois ciré !
Solide, massive, pratique,
c'est là que les domestiques
pelaient les légumes et les fruits,
plumaient les volailles,
bardaient les rôtis,
pétrissaient le pain,
faisaient des gâteaux,
prenaient leurs repas
et cassaient les noix.
Bref, une bonne table de travail
qui ne craignait rien,
ni fourchettes ni couteaux,
ni le froid, ni le chaud.

La salle à manger

La dame de Nohant
préside le dîner.
Voyons qui sont ses invités :
Honoré de Balzac, Alexandre Dumas,
Frédéric Chopin, Eugène Delacroix
ou Gustave Flaubert ?
Peintres et musiciens,
hommes d'esprit, écrivains...
Maurice et sa mère
sont toujours entourés
de convives de choix.

Le salon

Autour de la table ovale
on joue, on jacasse, on rit.
George Sand brode un châle.
Sa belle-fille Lina
rédige la recette d'un plat.
Deux amis, venus de Paris,
s'affrontent aux dominos.
Maurice est absorbé
dans la contemplation
d'une aile de papillon,
d'un morceau de rocher.
Quelqu'un lit à haute voix
un article du *Figaro*,
ou bien Chopin joue du piano.
Ainsi se passe la soirée,
autour de l'incroyable table,
sous le lustre de Murano.

La chambre de la grand-mère

Pour accéder à son boudoir,
George traversait chaque soir
la chambre aux rideaux rose et blanc.
Cette chambre, occupée naguère
par sa respectable grand-mère,
l'avait accueillie en son temps,
avant qu'elle n'y installât ses enfants.
Par la suite, des invités, des amis
y passèrent leurs nuits
pendant leur séjour à Nohant.

Les petites-filles

- C'est moi la plus grande !
affirme Lolo.
- Je vais te rattraper !
assure Titite.
Pas question de tricher,
leurs tailles sont inscrites
à l'entrée du boudoir.
Les enfants de Maurice et Lina
font, autant que leur jolie maman,
la joie de leur grand-mère,
qui aime sa belle-fille
beaucoup plus que sa fille.

Le boudoir de l'écrivain

Travailler dans un placard,
c'est à ne pas croire,
avec pour seul compagnon
un grillon !
Pourtant, c'est là que l'écrivain
rédigea ses premiers romans.
Du soir jusqu'au petit matin,
sa plume d'oie crissait sur le papier.
Lorsqu'elle se sentait fatiguée,
elle s'allongeait un moment
dans le hamac accroché
en travers de son « repaire ».

Un théâtre de poche

On dirait un théâtre d'enfants
tant l'espace est réduit,
avec sa scène en miniature
et ses décors charmants.
Mais Dieu ! qu'on y a ri !
qu'on s'y est amusé !
On se lançait dans l'aventure,
chacun choisissant un rôle,
clamant des textes improvisés,
inventant des répliques drôles
sur des situations données.
Public ou pas, peu importait.
Tout ce qui comptait, c'était
d'être sur scène, et de jouer.

Ainsi font, font, font

Les marionnettes de Nohant
offraient le plus gai des divertissements.
Sculptées par Maurice Dudevant,
habillées par sa mère,
peintes par son ami Lambert,
pourvues de vrais cheveux,
des clous en guise d'yeux.
Des dizaines de personnages
se disputaient l'honneur
de jouer dans le castelet,
comme de véritables acteurs,
des pièces écrites tout exprès :
drames et comédies,
caricatures ou féeries ;
de tout sujet on faisait bon usage.

La chambre d'Aurore

La chambre orientale,
où dormit longtemps l'écrivain,
fut plus tard décorée ainsi
par sa petite-fille.
D'inspiration coloniale,
avec ses meubles en bambou
et ses grands panneaux peints
d'arbres délicats, de hérons,
cette pièce de la maison
est dans un style nouveau,
que l'on appelait « Art déco ».

La chambre de Chopin

Quand Chopin quitta la maison,
sa chambre alors inoccupée
fut séparée en deux par une cloison.
Elle servit d'une part à ranger
les archives et les dossiers
dans des placards en bois, fermés.
L'autre partie, aménagée
en bibliothèque-bureau,
abrite des collections
de fossiles et de minéraux.
Mais l'air vibre encore du piano
qui emplit ce lieu inspiré.
Le musicien, penché sur son clavier,
y composa plus de cinquante morceaux.

Le bureau

Sur ce bureau de bois ciré
l'écrivain a rédigé
des lettres par milliers,
des articles, des essais
dans lesquels elle développait
ses idées d'avant-garde :
la liberté et l'égalité,
les droits de la femme,
le respect de l'enfant,
et, bien sûr,
le culte de la nature.

La dernière chambre

Dans cette chambre bleue
ornée de médaillons blancs,
la « bonne dame de Nohant »
vécut ses dernières années.
De son lit, près de la fenêtre,
elle pouvait contempler les cèdres
plantés à la naissance
de Solange et Maurice,
et se souvenir en silence
de sa vie si pleine, si riche.

La boîte aux lettres

Tout au bout du couloir,
une boîte à lettres, qui est aussi
une sorte de boîte à idées,
à l'usage des invités.
Qu'y a-t-il dedans ce soir ?
Tiens ! un petit mot
de Théophile Gautier.
Que réclame l'écrivain ?
Un peigne pour se coiffer !
Son désir sera satisfait.
Il recevra demain matin
trente peignes sur un plateau !

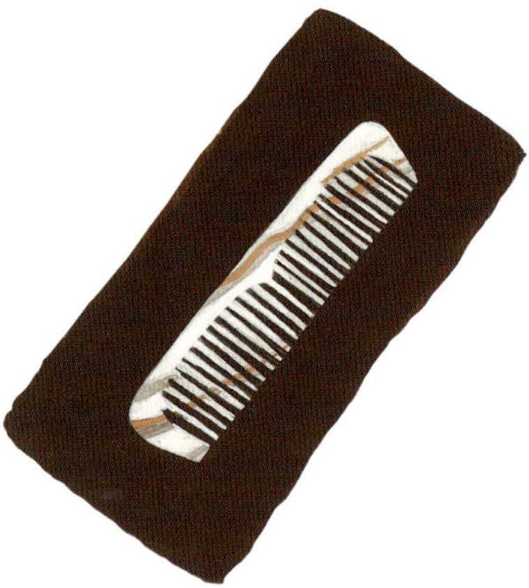

TG

Corambé

Qui se cache dans le sous-bois ?
Un personnage couvert d'or.
Il rappelle qu'autrefois
la fillette Aurore
s'était inventé un dieu.
Elle lui avait érigé en ce lieu
un petit sanctuaire
fait de branches et de pierres.
Elle l'appelait Corambé
et, pour lui rendre hommage,
lui offrait des scarabées,
des papillons, des vers de terre…,
jusqu'à ce qu'il soit découvert
par un enfant du village.
Dommage !

Les amis de George Sand à Nohant

Honoré de Balzac (1799-1850)
Balzac rencontre George Sand en 1831 à Paris. Comme elle, il débute sa carrière d'écrivain et se passionne pour la littérature. Il vient à Nohant où il la conseille et lui parle de ses projets. Balzac admire son amie et s'en inspire pour un personnage de son roman *Béatrix*.

Eugène Delacroix (1798-1863)
Artiste de génie, Delacroix est l'un des fidèles amis de George Sand. Grande admiratrice du peintre, elle lui fait aménager un atelier à Nohant où il séjourne souvent. Là, il s'inspire de la nature, peint le jardin de la maison ou des bouquets champêtres.

Franz Liszt (1811-1886)
Compositeur et pianiste surdoué, Liszt est célèbre à 20 ans. Dès leur première rencontre, George Sand est séduite par son talent et ses idées. Il devient un habitué de Nohant. Sa compagne Marie d'Agoult, jalouse du succès de George Sand, finit par séparer les deux amis.

Marie d'Agoult (1805-1876)
Comme George Sand, Marie d'Agoult est écrivain et signe ses livres d'un nom masculin : « Daniel Stern ». George la trouve belle et diablement intelligente. Mais l'amitié des deux femmes ne résiste pas longtemps à la jalousie de Marie.

Frédéric Chopin (1810-1849)
Frédéric Chopin est un grand compositeur et pianiste du XIXe siècle. Il vit avec George Sand un amour passionné pendant 8 ans. Chez elle à Nohant, il écrit certaines de ses plus belles compositions.

Alexandre Manceau (1817-1865)
Manceau, l'ami graveur de Maurice Sand, est invité quelques mois à Nohant. Charmé par George Sand, il devient son secrétaire puis, jusqu'à sa mort 15 ans plus tard, son compagnon.

Gustave Flaubert (1821-1880)
Madame Bovary est peut-être le roman le plus connu de Flaubert. Écrivain lui aussi, il devient en 1863 le grand ami de George Sand. À Nohant, leurs « causeries nocturnes » sur la littérature ou la politique pouvaient durer la nuit entière.

Le prince Jérôme Napoléon (1822-1891)
Cousin de l'empereur Napoléon III, le prince Jérôme Napoléon rencontre George Sand en 1852. Elle apprécie la compagnie de cet ami « charmant » et l'invite régulièrement à Nohant.

Les meubles et les objets de la maison de George Sand

Le lustre de Murano

Le grand lustre en verre de Venise rose et bleu, suspendu au-dessus de la table de la salle à manger, a éclairé bien des dîners animés et des célébrités !

La harpe

Sol, fa, mi…
Sur la précieuse harpe, la grand-mère de George Sand donne des leçons de musique à sa petite-fille.

La chocolatière de Chopin

Trônant sur une étagère de la cuisine, se trouve la chocolatière dans laquelle était préparé le chocolat chaud de monsieur Chopin.

La vaisselle en faïence de Creil

Sur la table dressée, les assiettes au décor de fraisiers sauvages ont été spécialement choisies par George Sand pour recevoir ses invités.

Le cartonnier de Dupin de Francueil

De ce grand-père qu'elle n'a jamais connu, George Sand a gardé le cartonnier. Dans ce meuble en marqueterie se cachent 19 petits casiers pour classer toutes sortes de dossiers.

Les marionnettes

Une comtesse, un Chinois, un curé ou un diable…, en tout, 150 marionnettes, créées chacune par Maurice, pour amuser les invités et se moquer de la bonne société.

Le piano du salon

En 1849, George Sand reçoit ce piano en cadeau de son ami Louis Viardot. Elle y joua peut-être, malgré le départ de Chopin, les valses ou les préludes du grand musicien.

Les jeux de la maison de George Sand

Rend à chaque personnage son portrait :

A

D

B

E

C

F

1 George Sand

2 Maurice Sand (le fils)

3 Solange Sand (la fille)

4 Gabrielle Sand (dite Titite) (petite-fille)

5 Aurore Sand (dite Lolo) (petite-fille)

6 Aurore Dupin de Francueil (la grand-mère)

George Sand est l'un des plus grands écrivains du XIXe siècle. Trouve les titres de trois de ses plus célèbres livres en mettant dans l'ordre les mots suivants :

François la mare

petite le au

Fadette la diable Champi

Teste tes connaissances :

1) Quel est le véritable nom de George Sand ?

a) Aurore Dupin
b) Georgette Sandeau
c) Solange Sand

2) À quel moment de sa vie George Sand devient-elle célèbre ?

a) à 28 ans
b) à la fin de sa vie
c) après sa mort

3) En plus de 77 romans, 28 pièces de théâtre, 25 contes et légendes, George Sand a écrit :

a) 1 000 lettres
b) 10 000 lettres
c) 30 000 lettres

4) George rédige ses premiers romans dans une minuscule pièce : l'ancien boudoir de sa grand-mère. Elle avait alors un bureau peu ordinaire. C'était :

a) une table pliante
b) un petit placard
c) une table d'écolier

5) Elle passait des nuits entières à écrire dans ce boudoir. Elle avait imaginé un moyen original pour y dormir. Lequel ?

a) un lit pliant
b) une chaise longue
c) un hamac

6) Quel petit animal George cachait-elle dans les tiroirs de son bureau ?

a) un grillon
b) une souris
c) une araignée

7) Que faisait George Sand à la naissance de ses enfants ?

a) elle leur écrivait une lettre
b) elle dessinait leur portrait
c) elle plantait un cèdre dans le jardin

8) À quoi servait le « potager » de la cuisine ?

a) à faire griller viandes et légumes au barbecue
b) à préparer les soupes servies aux invités
c) à préparer les plantations pour le jardin

9) Quels matériaux utilisait Maurice, le fils de George, pour fabriquer ses marionnettes ?
(Tu peux indiquer plusieurs réponses.)

a) de la pâte à modeler
b) le bois des tilleuls du jardin
c) du plastique
d) les cheveux des invités
e) des clous

10) George Sand se passionnait non seulement pour l'écriture mais encore pour d'autres activités. Lesquelles ?

a) la mécanique
b) la préparation des confitures
c) la création des vêtements des marionnettes
d) les dominos
e) les mathématiques

Réponses

Les portraits : 1 F, 2 E, 3 C, 4 D, 5 B, 6 A

Les livres : *François le Champi*, *La Mare au diable*, *La Petite Fadette*

Test : 1 a ; 2 a ; 3 c ; 4 b ; 5 c ; 6 a ; 7 c ; 8 a ; 9 b, d, e ; 10 b, c, d

Compte un point par bonne réponse

Plus de 8 bonnes réponses

Félicitations ! Ton sens de l'observation et ta mémoire n'ont pas failli. Tu connais parfaitement l'histoire de George Sand et de sa maison. Tu peux maintenant jouer les guides auprès de ta famille et tes amis ou encore te plonger dans la lecture d'un des romans de cette grande dame de la littérature.

Entre 5 et 8 bonnes réponses

Ce n'est pas mal du tout ! Tu as retenu beaucoup de choses, mais quelques petits détails t'ont encore échappé. Observe, cherche des indices et relis ton livre, tu trouveras sûrement les bonnes réponses.

Moins de 5 bonnes réponses

Le charme de cette belle maison t'aurait-il étourdi ? Il semble que la magie des lieux t'ait fait oublier beaucoup de choses. Prends le temps de relire ton livre et ouvre grand les yeux lors de ta prochaine visite, tu feras de passionnantes découvertes !

Labyrinthe

Aide la jeune Aurore à retrouver le chemin de Corambé :

Les grandes dates de la maison de George Sand

1793 - Madame Dupin de Francueil achète une belle demeure dans le village de Nohant.

1804 - Sa petite-fille, Aurore (George Sand), naît à Paris.

1808-1810 - Aurore et ses parents s'installent à Nohant. Le père d'Aurore se tue dans un accident de cheval. L'enfant est confiée à sa grand-mère alors que sa mère rentre à Paris. À Nohant, la fillette mène une vie paisible partagée entre ses jeux avec les enfants du voisinage et les leçons de son précepteur.

1818 - À 14 ans, Aurore quitte Nohant pour Paris où sa grand-mère l'a inscrite au couvent des Augustines anglaises pour parfaire son éducation.

1821 - Madame Dupin, très malade, meurt malgré les soins d'Aurore, revenue à son chevet. La jeune fille devient, à 17 ans, la propriétaire de Nohant.

1822 - Elle épouse Casimir Dudevant et s'installe avec lui à Nohant. Ils ont deux enfants : Maurice puis Solange. À chaque naissance, Aurore fait planter un cèdre dans le jardin.

1831 - Aurore revient à Paris. Elle écrit avec Jules Sandeau un premier livre, *Rose et Blanche*.

Un an plus tard, elle publie, seule cette fois, un autre roman, *Indiana*, qu'elle signe d'un prénom masculin : « George Sand », car il est alors impensable pour une femme d'être écrivain. *Indiana* connaît un immense succès. George Sand devient célèbre.

1833 - Passion amoureuse entre George et le poète Alfred de Musset.

1834 - Elle se lie d'amitié avec Liszt et Delacroix.